Kaffee erreicht Stellen,
DA KOMMT MOTIVATION
NIEMALS HIN.

MAKE YOUR

dreams

COME TRUE!

EINFACH

loslaufen

UND ZU WEIT GEHEN.

EVERY DAY IS
A NEW
chance!

Am Ende wird alles gut!

UND WENN ES NICHT GUT IST, DANN IST ES NOCH NICHT DAS ENDE.

KEEP GOING, KEEP *growing!*

Einfach mal machen.

KANN JA GUT WERDEN!

JUST LET *your soul* GLOW!

DER SCHLÜSSEL
zum Glück
STECKT VON
INNEN.

SEE THE
GOOD
IN EVERY
moment!

Genieße
DIE KLEINEN
DINGE!

WENN DU
AUFGEBEN WILLST,
erinnere dich,
WARUM DU
ANGEFANGEN
HAST.

OPEN
new doors
EVERY DAY!

♥

Sei du selbst,

ALLE ANDEREN

gibt es schon.

TURN PAIN
INTO
power!

STAY CLOSE
TO PEOPLE
WHO FEEL LIKE
sunshine!

LIEBE MUSS NICHT
perfekt sein,
SONDERN
echt.

WHEN
NOTHING IS SURE,
EVERYTHING IS
possible!

Zu Hause

IST DA, WO DER

Anker

FÄLLT.

THE MOST
IMPORTANT
THING IS TO BE
happy!

NIMM DIR ZEIT
FÜR DIE
Dinge,
DIE
DICH GLÜCKLICH
MACHEN.

DIE BESTE ZEIT

ist jetzt!

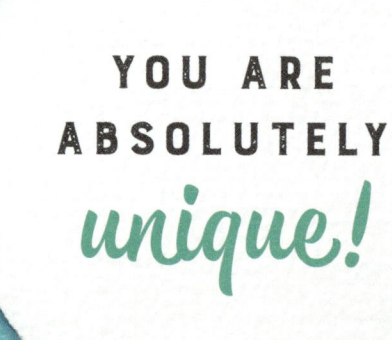

YOU ARE
ABSOLUTELY
unique!

HEUTE LASS ICH

Konfetti für mich

REGNEN.

YOU ARE

beautiful

THE WAY
YOU ARE!

Illustration
© Laila Tonam

Die Rechte für die Texte liegen bei den Autoren/Verlagen.
Trotz intensiver Bemühungen war es dem Verlag leider nicht in allen Fällen möglich,
den jeweiligen Rechtsinhaber ausfindig zu machen:
Für Hinweise sind wir dankbar. Rechtsansprüche bleiben gewahrt.

ISBN 978-3-86229-898-3

Grafik Werkstatt „Das Original" GmbH & Co. KG · Stadtring Nordhorn 113 · D–33334 Gütersloh
www.grafik-werkstatt.de

GLÜCK IST EIN KURZER

Moment

UND EINE LANGE

Erinnerung.

BE YOUR
OWN
hero!

Einzigartig

IST VIEL

BESSER ALS

perfekt!